U0142601

隱私

教師手冊

Teacher's guide

Learning About Privacy

Center for Civic Education　原著
財團法人民間公民與法治教育基金會　策劃出版

國家圖書館出版品預行編目資料

隱私：教師手冊 / Center for Civic Education原
著；郭菀玲譯. -- 初版. -- 臺北市：民間公民與
法治教育基金會, 五南, 2014.5
　　面；　公分
譯自：Learning About Privacy Teacher's
　　guide
ISBN　978-986-89947-3-7（平裝）

1. 公民教育　2. 民主教育　3. 隱私

528.3　　　　　　　　　　103008874

民主基礎系列《教師手冊》──隱私

原著書名：Learning About Privacy Teacher's guide
著 作 人：Center for Civic Education（http://www.civiced.org/）
譯　　者：郭菀玲
策　　劃：林佳範
本書總編輯：李岳霖
董 事 長：張廼良
出 版 者：財團法人民間公民與法治教育基金會
編輯委員：陳秩儀、李翠蘭、朱惠美、許珍珍
責任編輯：許珍珍
地　　址：104台北市松江路100巷4號5樓
電　　話：（02）2521-4258
傳　　真：（02）2521-4245
網　　址：www.lre.org.tw

合作出版：五南圖書出版股份有限公司
發 行 人：楊榮川
地　　址：106台北市大安區和平東路二段339號4樓
電　　話：（02）2705-5066（代表號）
傳　　真：（02）2706-6100
劃　　撥：0106895-3

版　　刷：2014年5月初版一刷
定　　價：100元

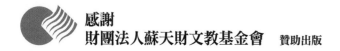
感謝
財團法人蘇天財文教基金會　贊助出版

前言

◊ 有效的公民教育課程的特徵

有效的公民教育方案，因為至少四項特徵，而顯得與眾不同：

■ **學生彼此間，有大量互動。** 強調學生間互動和合作學習的教學策略，對於培養公民參與技巧和負責任的公民至為關鍵。這類教學策略的例子，包括小組合作、模仿、角色扮演和模擬法庭等活動。

■ **內容需具現實性，且能平衡地處理議題。** 現實地與公平地處理議題，是有效的公民教育的必要元素；針對爭議的各個層面，進行批判性的思考，亦同樣不可或缺。假如上課時，我國的法律和政治體系被描述得彷彿完美無缺，學生會懷疑，教師說話的可信度，和課本內容的實際性。相反的，如果課文只列出這兩個體系失敗的例子，則會導致學生不大相信這兩個體系可用於維持社會的秩序和公平。該尊重法律和政治體系？還是針對特定案例中體系的適用情況提出建設性的批評？兩者間應該取得平衡。

■ **運用社區資源人士，參與課程進行。** 讓學生有機會和實際工作於法律和政治體系內的各種成人角色典範，進行互動，能使上課的效果更好更真實；有關培養學生，對於法律和政治體系的正面態度，亦有很大的影響力。在課堂之中善用專業人士的參與（如：律師、法官、警察、立法者等等），能有效提升學生對公共議題的興趣，使得學生對教師和學校的課程有正面的回應。

■ **校長和其他學校行政主管，對公民教育堅決的支持。** 要在校內成功推行公民教育，必須得到學校主管的強烈支持，尤其是學校的校長。學校主管採支持的態度，有助於公民教育的實施，他們可以安排活動，讓同儕之間能夠相互激勵、獎勵有傑出表現的教師，協助教師對校外人士說明教育計畫的內容，和制訂這些計畫的根據，以及提供相關人員在職訓練的機會，以取得實踐公民教育計畫，所需的知識和技能。此外，要成功施行公民教育，教師們對此持正面態度是非常重要的。

成功的公民教育方案會引導學生積極參與學習過程，以高度尊重學生作為一個獨立個體的方式來進行。反思、省思和論述會被重視，且有計畫地達成。知識和人格的培養是同時並進的，而在我國的憲政民主體制內，此二者對於培育出負責任的公民同樣重要。我們在規劃時，即致力於將上述重要特點，納入民主基礎系列課程中。

前言

課程理念

　　規劃這個民主基礎系列課程，是基於一項根本假設，亦即教育能讓人更能也更有意願表現出知書達禮、認真負責的行為。因此，教育機構必須扮演協助學生的角色，讓他們更懂得為自己做出明智的選擇，學習如何思考，而非該思考些什麼。在自由的社會中，灌輸式的教育方式並不適合教育機構採用。

　　成立組織來推動公民教育，是基於一種信念，亦即以上述觀念為基礎的課程所提供的學習經驗，有助於幫助學生，使他們願意理性而全心地投身落實各項原則、程序和價值觀，而這些正是維繫及提升自由社會所必需。

課程目標

　　民主基礎系列課程的目標是：

■ 促進對於憲政民主制度及這些制度據以建立的基本原則和價值觀的了解
■ 幫助青少年培養成為有效能而能負責的公民所需的技能
■ 增加對於做決定和處理衝突時，能運用民主程序的認識與意願，不論其是在公或私的生活中

　　藉由研讀民主基礎系列課程，學生能發展出辨識，與需要採取社會行動問題的能力。他們會被鼓勵透過具知識性的問題探究，而能接受隨著享受公民權利而來的責任；一個建基於正義、公平、自由和人權理想的社會，是否得以存續，這些責任即是關鍵所在。

課程架構

　　「民主基礎系列」課程不同於傳統式教材，焦點並非放在事實、日期、人物和事件。相反地，它是放在了解憲政民主制度極為重要的觀念、價值和原則。這套課程，以四個概念為中心：權威、隱私、責任及正義。這些概念構成了公民價值和思想的共

同核心的一部分，是民主公民資質理論與實踐的基礎。這些概念並不連續或彼此互不相連，且有時會相互牴觸。這些概念可以有許多不同的解釋，就像所有真正重要的觀念一樣。

　　教師可以在課堂上，講授民主基礎系列課程全部的內容，也可以選擇與學校或地區一般課程目標和學習成果有關的相關課程來傳授。教導這些概念，毋須按照任何特定順序，然而，假如你選定其中的某一課來教授，頂多只能完成該課之目標，而無法達到整個單元或概念的目標。以下簡述「權威」、「隱私」、「責任」、「正義」四個概念。

權威

　　學生要學習權力和權威的關係，透過研究各種缺乏權威或濫用權威的狀況，對權威這個觀念有通盤的了解，並能明智又有效率的檢視各種用來處理這些狀況的方法。

　　學生需要知識和技巧才能對與權威職位相關問題做出正確合宜的決定，也需要知識和技巧去處理關於評估或制定法律和規則的狀況。

　　學生會透過每一項練習活動，學到權威對個人或社會全體都有利益或不利益之處。大家必須知道權威的利益和代價，才能明智的決定權威應有的範圍和限制。

　　學生也要練習為某個特定的權威職位設定權力範圍和限制，知道運用權威是為了提升效率，但卻不能有壓迫性。

隱私

　　學生要學習為隱私下定義，了解隱私的重要性，並在不同的狀況下辨識並說明常見的隱私事項。他們會學到造成不同的個人隱私行為的各種原因或要素。

　　學生會了解每一次我們維持隱私的時候一定會產生一些結果，有些結果對我們有益處，有些則是我們必須付出的代價。學生也會學到在特定的情況中是否應該保護隱

私，每個人的看法可能都不同。

學生還會學到身為公民，在面對隱私的範圍和限制的問題時，必須考量的重要議題。

學生會學到對個人和社會負責任的重要性，檢視責任的來源以及負責任或不負責任可能產生的結果。

一旦有人承擔責任，就會產生結果，有些結果是益處，有些結果則必須付出代價。學生會學到分辨結果的利益和代價很重要，才能決定哪一項責任更為重要，必須優先承擔。

學生還要學習在面對無法同時兼顧的責任、價值和利益時，如何能明智的決定要選擇承擔哪一項責任，或是在特定狀況中要追求哪一項價值或利益。

學生也會學習在特定的時間內或狀況中，評估誰該負責任、誰該受到表揚或責備，並採取立場。

學生要學習正義可以分成三大類：分配正義、匡正正義和程序正義。並練習用這三類項目來辨認正義的議題。

學生要了解在一群人或團體裡公平的分配利益或負擔的重要性，其中利益可能包括工作的報酬、發言或投票的權利；負擔則可能包括一些義務，像做家事或做功課。

學生要認識匡正正義是公平或適當的回應錯誤或傷害並做決定。

學生還要學習認識程序正義的問題，了解用公平的方法來蒐集資訊和做決定的重

要性。

「民主基礎系列」課程的本質屬於觀念性的教學，因而必須回歸到學生的日常生活。這套課程最獨特的地方，是可以幫助學生對照自己的生活經驗與外在社會及政治生活的關係。

需要整合社會研究和語言藝術也是這項課程的設計目的之一。

故事本格式

故事本是四本繪本，教師在讀這些故事給幼兒或尚未能閱讀的兒童聽時，孩子們可以看書中的圖畫說明。故事書的大小正好適合孩子們在教師的指示下自然翻閱。

每一本故事書分成四個篇章，每一章強調主題觀念的一個部分，並要求用批判性的思考來解決問題。各部分需要討論的重點分別用符號標示在頁面的邊緣，提醒教師們在這些地方停下來，讓學生就故事中提出的問題或狀況進行討論。這些問題往往沒有一定的解答，教學策略是要讓學生提出自己的解決方案，不要受到故事內容的影響。同時也希望學生能將這些觀念回應到日常的生活經驗中，運用所學在新的狀況裡。

每本學習手冊都有四個部分討論和回顧故事本的內容，在這些章節中，教師必須對照使用故事本和學習手冊，學習手冊中會重複引用故事本中的對話和圖片，讓教師和學生都更方便參照。

學習手冊格式

「民主基礎系列」每一主題的學習手冊有六至七課，第一課是定義，其中做為教學設計的插圖能讓孩童對提到的情境更熟悉，刺激大家對重要觀念和相關議題有更多的討論。

有些課程是屬於全班參與的活動演練，由學生進行角色扮演來解決相關的問題，並練習評估、採取立場，進而為所持的立場辯護。

每一課開始都是「本課會學到的概念」，簡短介紹在這一課要努力完成的內容大綱。

「本課詞彙」是一課中要討論的關鍵理念和相關名詞，名詞的定義則列在本手冊中。

「重要觀念」是為了協助了解課文提出來的狀況所需的觀念。

「解決問題」是要讓學生練習批判性的思考。學生分成小組運用所學的觀念，來分析和家庭、學校和社區相關的假設性問題。

「閱讀、回顧和討論」部分要回到故事本的內容，回顧故事的細節進行討論並處理問題。

「展示學習成果」屬於評估性的活動，讓學生有機會展現學到的技巧。大多數課程最後有「課後活動」，提供更多演練的機會。這些活動可以成為學生個人的工作或回家作業的專題，也提供教師更多評量學習成果的機會。

教師指導手冊格式

課程章節

教師手冊是要補充和延展學習手冊的內容，每一課開始都是「課程概述」，說明這一課的整體目標。接著是從行為的概念列出「課程目標」的各個項目，期待學生上完這一課後有能力做到的各個事項。這些教材可以逐步累積學生的觀念，所以並不要求學生精熟每個步驟。

課程目標的後面是「課前準備／所需教材」，這部分的內容會點明學習手冊和這部分相對應的頁碼，並建議在教學時需要先作哪些準備或哪些材料。接下來便是關於課程和這一課主題相關的更多資訊介紹、問題討論和學生作業的答案。

附錄

思考工具表格、主角人物圖案和面具的原稿樣張都在本手冊後面的附錄中。

" 教學策略

以下是使用「民主基礎系列」教材學生學習手冊的教學建議：

運用思考工具分析問題

每個人或機關團體，都會遭遇難以分析或解決的問題，在民主基礎系列課程中，學生們也會遇到各種難題。這套課程在每個主題概念的不同單元中，都提供一套分析的架構，或說「思考工具」，協助學生得以用批判的角度來思考，以理性而負責的態度，面對重要的問題。「思考工具」是指一組一系列的問題，可用來檢視權威、隱私、責任和正義等概念的問題，帶領學生做出相關決定。

要了解為什麼在分析權威、隱私、責任和正義等主題時，需要各種思考工具，以及這些工具有什麼功用，只要看看思考工具在其他研究領域的應用情況，就能清楚明白：想像考古學家走遍千山萬水，尋找古代村莊遺跡，因為他們的腦中滿載知識和技能，包括事實、想法、假設和問題，以致於讓他們能夠注意並理解，未受訓練的外行人不會注意到或無法了解的事物。

對於同樣的遺址，外行人可能是無意識地踏過而已，而經過專業訓練的考古學家則會因為擁有專業知識，而能馬上分辨出當地是否曾經有人類居住過的痕跡，或是在歷史上有什麼重大的影響。然後考古學家會利用他們的知識和思考工具，有系統地蒐集和處理資訊，以得到對過去更深的了解。

在其他領域中受過訓練，而懂得運用思考工具的人們也是如此。不管在哪個領域，要能理解某些事物、達成某些目標或做出明智判斷、決定該如何行動，受過訓練的人總是比未受訓練的人占優勢。無論是技術純熟的木匠、電視製作人、政治學者、法官或太空人，都是如此。

而且這套課程的思考工具，並不是一成不變，每套問題組，會依照要處理的概念問題，種類不同，而各有差異。比方說，我們不會用處理權威問題的分析策略，來探討正義的問題。

透過主動學習策略的運用，這套課程的思考工具能發揮更大的作用，學生們更能藉此發展出必須的個人和團體互動技巧，在民主社會中有良好的社會和政治參與。訓練學生應用思考工具，是「民主基礎系列」課程的獨到之處，學生們一旦學會使用思考工具，將一生受用無窮，以後在面臨抉擇時就能一再加以運用。

進行班級討論

「民主基礎系列」——權威、隱私、責任和正義這四個概念自古至今不斷受到爭議、討論、評估和再評估；而有效的公民教育包括呈現和討論具爭議性的題材，這正是學生和教師都會對這套課程感興趣的原因。經由討論的過程，學生們能學到知識和決策技巧，並獲得處理紛爭的經驗和致力於當個好公民的決心。

為了確保授課教師和學生們都能因這個課程的學習經驗而得到啟發、獲得益處，在針對具爭議性的議題，和當代社會常發生的事件進行班級討論時能夠順利，授課教師可以參考下列建議：

強調爭議、妥協和共識是正常的，這些是民主社會的必備條件。

■ 嘗試以具體的方式說明爭議的核心。請學生們想想他們自身遇過的類似問題和困境。
■ 描述過去的例子，讓學生了解過去類似的衝突是如何處理的。承認當時我們並沒有像今天一樣，堅持民主法治社會的理想和原則。探討各個時期對這些概念的詮釋和應用，能幫助學生們了解民主憲政體制的流動性，以及一個公民在協助整個社會能進一步達成國家目標上所扮演的角色。
■ 強調各種觀點的合理性，鼓勵學生們以公正的態度檢視及介紹相衝突的觀點。教師必須提出學生們可能忽略的相對意見。
■ 讓學生們將注意力集中在討論或處理觀念或立場上，而非個人的身上。提醒並強調在許多具爭議性的議題上，不同立場的人提出的意見可能差異甚大。鼓勵學生們在不同意多數意見時提出異議，即使他們是唯一持反對態度的人，亦應勇於表達自己的意見。
■ 協助學生們找出特定的贊同或反對的論點，然後找出可能的折衷方案，並認明不可能妥協的事情。對學生強調他們針對某個議題所達成的結論或決定，結論如何的重要性，遠比不上整個討論到做出決定的過程，在過程中，不僅能夠做出合理決定，同時也學習尊重他人意見，並以理性的態度說明最後結果。
■ 藉由評估所提出的論點，和探討其他各種建議的可能結果，來為活動或討論做總結。總結

若要發揮效果，還需要由教師和學生共同評估整個進行討論、準備小組活動或呈現班級活動的過程。

　　班級討論和意見分享是這些活動的關鍵；在活動開始進行前，授課教師可以訂些討論的基本規則，例如：

■ 在表達自己的想法之前，要準備好能說明清楚自己的想法與辯護。
■ 抱持有禮而尊敬的態度傾聽他人意見，教師可能會請你告訴大家除了你自己的意見之外，你最欣賞誰的看法。
■ 每個人都會有機會說話，但一次只能有一個人說話。
■ 爭辯的時候不要針對個人，而應將重點放在理由和想法上。
■ 無論何時你都可以改變自己的想法，只要準備好與大家分享你這麼做的原因。

運用有效的問答策略

　　問與答，是這套課程非常重要的一項特徵，有效運用問題是學習過程的關鍵，因此在課程設計時，需要詳細規劃。雖然有些問題，可用以釐清學生們究竟學到了多少知識，但是採用問答策略的主要目標，應該是幫助學生增強他們的能力，讓他們能做出明智且負責的決定。教師選擇的問答策略，必須要能引導學生們去分析情況，並將概念加以綜合和評估，使學生們在未來的生活中，都能運用在活動中所學到的技能。

　　大體而言，在規劃如何進行班級討論時，必須考量六種問題，以下簡單介紹這六種問題並加以舉例：

■ **知識方面的問題**
　　這類問題與回想特定事實或資訊有關。例如：正義的問題可分為哪三種？
■ **理解方面的問題**
　　這類問題是關於是否有能力了解各種概念的意義，請學生將概念換句話說或加以詮釋，即可知道答案。例如：畫圖說明有人盡到了某個責任，並說明這項責任的來源。
■ **應用方面的問題**
　　這類問題是關於是否有能力，在遭遇新狀況時運用所學。例如：以自身經驗為例，這些概念可以應用在哪些地方？未來可以如何運用這套步驟來解決紛爭？

■ **分析方面的問題**

這類問題關係到有沒有能力，將概念加以分析，包括找出其構成要素，並建立要素和要素間的關係。例如：在這種情況下，保有隱私會有什麼結果？哪些結果是帶來益處？哪些則會付出代價？

■ **綜合方面的問題**

這類問題關係到有沒有能力，將所有要素統合成為新的整體，重點在於創造新的思維模式。例如：為什麼校長需要更多的權威呢？

■ **評估方面的問題**

這類問題關係到能不能為了某個目的，去判斷各種事物的價值；這意味可能要在相衝突的責任間做抉擇，或判斷某法規是否符合好的規定的標準。例如：在決定誰要因為這個事件獲得獎勵時，這些步驟能有什麼幫助？

　　在設計問題時，要注意不要讓學生只會聽教師說話和回應教師，變成教師與個別學生的互動，而要讓學生之間也能有這樣的互動。只要藉由以下方式，鼓勵學生主動參與，就可以增進學生之間的橫向互動：

■ 提出問題後，請學生兩人一組討論問題的答案。

■ 要求學生說明他們的答案，這不但對他們自己有利，也能加惠其他人。

■ 要求學生提供額外的論據、資訊、觀點等，將自己或其他學生的答案加以延伸。

■ 請學生依照剛才課堂上過的內容，自己設計一些問題。

■ 在提出問題後暫停至少七秒，給學生思考的時間。

■ 假如學生的答案很短或很瑣碎，請他們針對答案提供進一步的說明。

■ 每個問題都要請至少兩位學生來回答。

■ 鼓勵學生對其他學生的答案有所回應。

■ 除了讓自願者回答問題，也要請不會主動舉手的人來回答。

鼓勵小組互動式學習

　　學習手冊中的批判性思考活動，都是以合作式的小組演練來進行，讓學生以小團體的方式來演練，每位學生都必須積極參與，才能成功的達成課程目標。教師應該鼓勵學生，不僅致力於學術表現，也要培養並運用適當的人際關係技巧。

　　教師在規劃和進行的分組演練時，會面臨許多重要的考量，其中之一就是團體的

成員人數，了解不同的探究主題需求，有助於決定在上這一課時，一組應有多少位學生最恰當。

　　威爾頓（David A. Welton）） 和馬倫（John T. Mallan）在他們所合著的《孩童和他們的世界：社會科的小學教學》（Children and Their World: Teaching Elementary Social Studies, Fourth Edition, Houghton-Mifflin, 1991） 一書中，提到不同大小的團體會產生的一般性行為特徵：

■ **兩人一組**：資訊高度交流並能避免意見不一，是兩人一組的兩項特徵。然而，萬一兩人意見始終不一致，就會產生僵局，因為小組中沒有任何一方，可以獲得第三者的支持。
■ **三人一組**：三人一組的特徵是多數（兩個人）的勢力壓過只有一人的少數。不過，這種小組結構其實是最穩定的，只會偶爾有些兩人聯盟換人的情況。
■ **偶數小組**：小組的人數如果是偶數，在碰到小組內意見相左的兩方人數相同時，容易形成僵局。
■ **五人小組**：學習效果最令人滿意的似乎是五人小組，團體內流動很容易。如果分裂成兩人對三人的局面，即使是屬於少數的意見也有人支持。五人小組的規模，讓組員可以相互激勵，同時又有益於個別的參與。
■ **超過五人的小組**：隨著小組規模擴大，小組整體的能力、專門知識和技能也會加強，但許多方面的困難度也會增加，包括讓所有組員專注於工作、確保每個人都有發言機會和協調小組行動。

　　教師們在規劃和執行合作式團體學習時，所面臨的另一項考量，是要讓學生自己選擇組員，還是要由教師分組。強森 （David W. Johnson） 等人著作的《學習圈：教室內的合作關係》（Circles of Learning: Cooperation in the Classroom） 一書，於1984年由「督導與課程發展協會」（Association for Supervision and Curriculum Development）出版，書中描述分組特徵如下：

■ 學生自選的小組通常組員的同質性高，成績好的學生會選擇其他成績好的學生組成一組，男生和男生一組，女生和女生一組，不同文化背景的學生則選擇和自己背景類似的人一組。
■ 相較於教師所分配的小組，學生自選的小組，通常較無法專注於教師指派的任務。
■ 在討論時，異質性較高的小組，似乎會有比較多的創造性思考，組員間較常相互說

明，也比較能容納不同的觀點。

有個方法能有效改進學生自選小組的缺點，那就是請學生列出他們想和哪三個人同組，然後將學生與他們所選的其中一人分派到同一組，其他組員則由教師指定。採用這種方式時，要注意可能有些學生沒有人想和他們同組，教師應該仔細考量要如何為這些學生建構一個支持性的學習環境。

分組時也可以考慮用報數的方式，隨機分配學生組成小組。比方說，若班上有三十位學生，每五人要分成一組，共分成六組，可以要求學生輪流報數，從一數到六。然後，讓報「一」的人組成一組，報「二」的人一組，以此類推。一旦分好組，就盡量讓各組保持原樣一段時間，而不要在進行下一項活動時，又重新分組。

以下是在課堂上進行小組活動時，可以參考的一些建議：

■ 確定學生有進行活動所必須的技巧和能力，假如學生沒有這些必備的技能，教師很快就會發現，因為學生維持專注的時間不會太久。
■ 給予學生完成工作的明確指引，在活動期間，確定學生了解要進行的步驟或程序。
■ 給學生充分時間完成指派的任務，對於比其他組早完成工作的組別，教師要發揮創意，想些有建設性的任務，讓他們不會無事可做。
■ 處理活動流程時要清楚明確，假如各組必須派出代表向班上同學報告他們的工作成果，那就要確保有時間讓各組安排推選代表。
■ 教師的評估策略會影響學生的小組活動，教師應多對各組學生的努力，予以鼓勵及獎勵。
■ 監督各組的工作，以指導者的身分引導學生。

善用社會專業人士

讓擁有經驗或專業的社會人士參與課程進行，能大幅增加及拓展學生對民主基礎系列課程中，相關概念的理解。社會專業人士的助益，可分為下列幾方面：

■ 藉由分享實際經驗及相關的概念應用，結合課程與現實。
■ 協助課堂上活動的進行，如：模擬法庭、模擬立法公聽會和社區會議等角色扮演活動。
■ 在學生參觀法院和立法機構等場所時，負責擔任嚮導及回答問題，豐富學生的觀摩

經驗。
- 與某位專業人士建立長久的關係，如此在課堂上遇到相關問題或有疑惑時，就可以向這位專業人士聯繫請益。

哪些人可以擔任這種專業人士的角色？這個答案依各地區而有所不同。通常這些人包括：警察、律師、法官、立法者、中央和地方政府代表、專家學者或非營利組織成員。有些課可能還需要其他領域的專業，如：醫藥、環境科學或商業。在教師手冊和學生課本中，都有關於特定職業種類和個體的建議；有了這些人士的參與，學習民主基礎系列概念的過程會顯得更為生動而多樣。

專業人士的參與應該經過審慎考量，並能配合課程或概念。

要讓社會專業人士的參與，盡可能發揮最大的效益，需要事先有詳細的規劃。教師應該注意下列事項：

- 參與的主要模式，應該包含與學生互動和意見分享。必須要求專業人士協助學生準備角色扮演，或模擬法庭中要發表的論點。專業人士可以扮演法官、加入學生的小組，或回答與課文特定內容相關的問題。此外，專業人士應該參加課程或活動最後的總結討論。
- 專業人士的發言應該要不偏頗，要包含各種觀點在內。如果某位專業人士無法維持客觀，你可以考慮再邀請另一位專業人士，以確保學生對那個專業領域有較完整的認識。專業人士也應該避免使用過於專業的術語，遣詞用字越簡單越好。
- 專業人士到訪以前，學生應該有充足的準備，充分利用有專業人士在場的機會學習。
- 多數專業人士都不是受過訓練的教師，因此不應該讓他們負責班級管理。在他們參與期間，教師應該隨時在旁給予協助。同時教師有時必須提出適當的問題或給予提示，提醒專業人士應該如何進行活動，這有助於專業人士與學生間的良好溝通。
- 為了使專業人士的參與圓滿順利，專業人士應該事前就拿到要參與的課程資料。一般而言，在課程進行前會當面說明或用電話溝通，以有益於了解教師對專業人士的期望。

同時活動課程的計畫緊湊、時間有限，建議教師應儘早提出邀請。課程進行時，必須找一組學生負責在專業人士到訪當天擔任招待，並在活動結束後寄送感謝函。

前言

實行互動式教學策略

　　「民主基礎系列」課程有一項很重要的特點，就是所採用的教學方式，能積極鼓勵學生針對與權威、隱私、責任和正義等概念相關的問題，做出自己的決定及提出自己的立場。學生們要學習，將所知應用於現在政治、社會上的各種問題。此外，這些教學策略強調許多參與技巧，有助於提升學生們在民主憲政體制中，成為良好公民的能力。例如，學生們學到要相互合作來達到共同的目標，懂得對具爭議性的議題加以評估、採取立場，並為自己的立場說明及辯護；也知道在面臨相對立的意見和觀點時，應該如何以建設性的方式加以處理。這些學習策略中也教導學生，有關政府的運作方式。

✪ 學習成果評量

　　「民主基礎系列」課程教授了許多複雜的概念、知識和技巧，要想了解學生的學習成果，必須用全面又富變化的評量方法。衡量學生是否有進步的方法，可以包括傳統的紙筆測驗，還有根據學生在課堂上的表現進行評估。

　　要檢查對特定概念、觀點或程序了解和熟悉的程度，傳統的紙筆測驗是非常有用的工具。然而，如果教師讓學生進行的活動，是那些需要具備複雜的知識和技能才能參與的活動，教師就必須使用類似的情境，才能評量出學生的學習成果。比方說，如果學生參加的是模擬立法公聽會，教師就應該先設定類似而相當的情境，學生才能展現他們的理解程度和技能。這就是在採用互動學習策略時，表現評估非常適合用於評量學習成果的原因。

　　表現評估不同於傳統測驗，因為學生無須從彼此不相關的答案中做選擇。在表現評估中，學生透過處理複雜的問題，來表現所學的知識和技能，這些問題之中富含有意義的情境設定（如立法公聽會），而且通常不會只有一個正確答案。因此，學生還可以自行架構或塑造適當的回答，用各種不同的方式呈現答案，這是他們展現所知和能力的一種方式。

　　表現評估特別適合「民主基礎系列」課程所強調的內容、技能和學習經驗。課堂上安排的各項活動，如：小組討論、模擬法庭、公聽會，以及其他創意方案提供了最好的機會，將表現評估納入，成為學習的一部分。依據課文中各學習單元的安排，每一個單元都提供了有意義的情境，讓學生可以練習應用所學的知識和技巧。此外，每一課都有一個總結活動，讓學生綜合運用與該概念相關的所有學習成果。其他結合表現評估的方式，可參見各課「活

用所知」單元。

　　如果授課教師想自行設計不同的方法，來評估學生學習這套課程的成果，以下是一些可供參考的建議：

■ 要評估某個行為，必須先設定運用該行為的情境。例如，要評量學生做甲事的能力，就能提供情境讓他們實際做甲事。

■ 要評估學生在遇到情況時能否應用所學，就必須請他們在其他類似情況中應用所學的知識技巧。例如，教師在提問之後，必須能讓學生自行思考或討論得出適當答案，而非讓學生自許多選項中選擇正確回答。

■ 要評估學生在過程中的表現或學生作品的素質，並不是要知道學生能否找出正確答案的能力，重要的是學生們能有良好表現，或作出優秀作品的思考過程和立論依據。

■ 評量學生能否理解抽象概念與所學技巧之間的關聯。例如，在為討論做準備時，學生應該綜合運用閱讀、研究、寫作、表達和批判性思考等技巧，也應該能運用其他領域的知識和技巧來解決眼前的挑戰。

■ 事先提出表現優劣的評量標準，並確定學生們都清楚了解，可能的時候，提供範例給學生參考。

■ 提供有效而成功之團隊合作的衡量標準。小組合作和團體互動都是非常重要的能力，如果學生知道這些表現會一併受到評估，就會加以重視。

■ 給學生機會評估自己的學習情況及表現，這有助於學生能以較高標準來要求自己，並學習判定自己是否符合標準。因為這套課程中多數的學習策略都會反覆出現，學生們可以有足夠的機會不斷檢視自己的進步程度。

■ 給學生足夠的機會，自教師、同學和參與班上活動的專業人士等人處，得到回饋。

✎ 學習經驗省思

　　在「民主基礎系列」課程每個概念的結尾，我們建議學生們評量自己是否有達到該課的目標。無論對授課教師或學生而言，在各概念最後的學習階段，省思及評估整個學習經驗十分重要，其中不只包括思考概念本身的內容，也要衡量用來學習概念的教學方法。

Table of Contents

目錄

隱私／教師指導手冊

Activity Book

導論

　　從美國憲法中保障隱私的條款，就可以看得出來美國社會對隱私非常重視，例如：增補條文第三條「禁止在私人住宅中駐紮士兵」，增補條文第四條「禁止不合理的搜索與逮捕」，增補條文第五條「保障人民可以不用自證己罪」等。這種憲法中對隱私廣泛的保護，曾經遭受相當的批評，認為政府機構可能因此無法蒐集到執行法律所需的必要資訊。不過，也有一些人持不同的看法，他們擔心個人或團體蒐集有關公民資訊的合法或非法動作，可能會危害人們的隱私——尤其現代科技越來越進步，讓這些蒐集資訊的手段更加高明。這種對隱私適當範圍與限制的爭辯，原本就無可避免，而且很可能會一直持續下去。

Lesson ①

什麼是隱私？

課程概述

　　學生會學到「隱私」這個名詞的三種狀態，練習分辨在哪些狀況下人們保有隱私；在哪些狀況下沒有隱私，並學習在哪些事物上人們想保有隱私，例如：思想、感覺或通訊。同學們還要更進一步學習可以採取哪些行動來保有隱私，例如：將自己隔離、獨處或保守秘密。

課程目標

上完這一課後，同學們應該能做到下列各事項：
■ 定義「觀察的隱私」、「資訊的隱私」和「行為的隱私」。
■ 分辨在哪些狀況下有隱私，在哪些狀況下沒有隱私。
■ 說明人們平常會保有隱私的事項。
■ 說明人們常用哪些行為來保護隱私。

課前準備和所需教材

故事本「小魚潔西：第一章」P. 1～12
學習手冊「第一課：什麼是隱私？」P. 1～11
「保有隱私」思考工具表，表格原稿在本手冊的附錄中
P. 56
小魚潔西故事人物圖形著色稿：圖像原稿在本手冊的附錄
中 P. 59～62

課程介紹

✎ 本課會學到的概念 ✎

「學習手冊」P. 1

請學生們閱讀學習手冊第1頁的「本課會學到的概念」，並討論這一課的課程目標。

✎ 本課詞彙 ✎

「學習手冊」P. 2

教師從語境中找出語詞，共同討論並將語詞寫或貼在黑板上，引導學生自行先作詞語的解釋，教師再予以整理歸納後，鼓勵學生口頭造句，評估學生對該語詞的了解程度。

* 隱私（privacy）：一個人獨處或不受他人的干擾。
* 秘密（secret）：不想讓人知道或看到的事物。

✎ 重要觀念 ✎

「學習手冊」P. 3

請學生們閱讀「學習手冊」第2～3頁的內容，這部分能幫助學生了解隱私常存在於：①當我們想要獨處，不想讓別人看到或聽到時；②當我們決定不要和別人分享資訊時；③當我們在某個活動中排除別人，不想和別人分享時。

第一個例子是屬於資訊的隱私（information privacy），法律保護個人、團體或機構有權利決定什麼時候、用什麼方法和別人溝通自己的資訊到什麼程度。第二個例子是關於觀察的隱私（observation privacy），法律保護我們有不想被別人觀察的權利，也就是「不受干擾的的權利」（right to be let alone）。第三個例子是行為的隱私（behavior privacy），指的是一個人有權利做想做的事，不會受到不合理的限制。

* 資訊的隱私：這項隱私存在於我們不想給別人自己擁有的資訊。舉例而言，不告訴別人關於自己的資訊，可能是年齡、信用等級等，也可能是別人告訴我們的秘密，或是一個互信關係，像醫生和病患的關係或夫妻。
* 觀察的隱私：在這個案例中，隱私存在於人們有權利不被別人觀察。舉例而言，有人決定要一個人獨處，不讓別人看到或聽到他在做什麼。
* 行為的隱私：這項隱私存在於人們有權利做自己想做的事，不受別人干擾。例如，兩個人從群體中走開到一旁談話，因為他們不想讓其他人聽見他們談話的內容。人們可以因為想法相近而組織社團，不讓別人加入或參加團體的會議。

學生們應該了解人們會將一些事情列為想要保有的秘密，這些隱私的項目，其中可能包括電話紀錄、信用卡號碼、行為等等。學生們應該知道我們保有隱私是不想讓某個人、某個團體或某

個機關知道，例如：不想讓家人聽到我們講電話的內容，不把信用卡的號碼告訴電話推銷員、不允許政府官員任意進入家中進行搜查等等。在第二課中我們還會學到不同的人對隱私的感覺和採取的行為都不相同。

請學生回答學習手冊第3頁的問題：

■ 大家想要保有隱私的事物有哪些？

鼓勵學生們舉出各種想保有隱私的例子，例如不同的玩具或習慣（像是吸拇指）。請注意，如果學生們開始提出很私密的事項時，就要適當的介入或引導。

✿ 閱讀、複習和討論 ✿

故事本「小魚潔西」P. 1～12
「學習手冊」P. 4～7

＜小魚潔西＞的故事

第一章要幫助學生們了解人們什麼時候享有隱私。「隱私」這個名詞很難定義，在一個美國最高法院的判決中，法官定義隱私是一個人「不受干擾的權利」。這個定義很模糊，或許討論在什麼情況下有隱私，在什麼情況下沒有隱私，學生們比較能了解隱私的概念。

請學生們討論「故事本」中用海馬圖案標出來的討論重點，第一章有三個討論重點，「學習手冊」第5～6頁中提出的問題正是配合「故事本」的三個討論重點。

大致敘述小魚潔西第一章的故事內容並請學生看插圖，讓學生們對這個故事有整體的了解，教師可以自己讀這個故事，或是請同學們輪流朗讀。

閱讀＜小魚潔西＞故事本第5頁的討論重點

請學生們回答學習手冊第5頁中的問題。以下是一些可能的回應：

■ 小魚潔西希望保有什麼樣的隱私？

潔西希望自己在玩假扮遊戲的時候不被其他的小魚看到，也不被他們嘲笑。她希望能盡情的發揮想像並自得其樂，假裝自己是兇惡的鯊魚、跑得很快的海馬或任何角色。

■ 小魚潔西想保有的隱私是不希望誰知道？

潔西想保有她想像世界的隱私，不讓魚群中其他的小魚知道，因為她不想被嘲笑。

■ 潔西採取了什麼樣的做法來保有這些隱私？

潔西游離魚群，她想找一個別人看不到她在做什麼的地方。可是游離魚群還不夠，其他的魚還是會看見她。潔西很生氣，對魚群大聲吼：「為什麼不讓我一個人好好玩一下呢？」

閱讀<小魚潔西>故事本第7頁的討論重點

請同學們回答學習手冊第6頁提出的問題。以下是一些可能的回應：

■ 毛毛希望保有什麼樣的隱私？

毛毛自己告訴潔西他喜歡假裝成海怪，他假扮的海怪很可怕，連自己都曾經被嚇到過。毛毛不希望別人知道他喜歡玩假扮的遊戲，也不想讓別人知道他也有膽小害怕的時候。

■ 毛毛想保有的隱私是不希望讓誰知道？

故事中好像沒有提到毛毛想保有隱私的對象，他可能是不想讓任何人知道他會扮成海怪，或是他也會膽怯害怕。

■ 毛毛採取了什麼樣的做法，來保有這些隱私？

毛毛和潔西分享他的祕密，並要求潔西不要告訴別人。

不讓別人得知某一項關於自己的訊息是保有隱私的一種方式。

毛毛想要保留關於自己的行為和感覺的訊息，因此要求潔西不要把這些訊息說出去。

他告訴潔西，人們有時候只願意和特定的人分享特定的資訊。

閱讀<小魚潔西>故事本第10頁的討論重點

請學生們回答學習手冊第6頁提出的問題，請學生依據故事內容作答。以下是一些學生可能的回應：

■ 小魚潔西希望保有什麼樣的隱私？

小魚潔西邀請魚群中的大魚（成年的魚）—莉莉游到一旁說話，因為潔西不想讓其他的魚兒聽見她們的談話，她想保有這段談話的隱私。在談話中，潔西問莉莉能不能讓她擁有一點隱私，莉莉答應了。但是，考慮到潔西的安全問題，莉莉限制潔西每天游離魚群的時間。

■ 潔西想保有的隱私是不希望讓誰知道？

潔西不想讓魚群中其他的魚兒聽見她和莉莉的對話，她希望莉莉能破例，不要求她必須時時刻刻和魚群在一起，她不想讓其他的魚兒知道她對莉莉提出這樣的要求。

■ 潔西採取了什麼樣的做法，來保有這些隱私？

潔西先請莉莉離開魚群游到一旁，這樣她們的談話才不會被魚群聽見。這也是保有隱私的一種方法，二人或二人以上和別人分開說話或進行活動，目的就是不想讓別人知道或聽到。

課程介紹 | 批判性思考

◢ 角色扮演活動 ◣

（自行選擇）

這一章告訴大家，人們保有隱私的事項、想對誰保有隱私，以及採取哪些行動來保有隱私。讓學生們角色扮演這些情境，故事人物的圖像原稿在本手冊第59～62頁的附錄中，請學生們先著色，再剪下來進行角色扮演活動。

◢ 重要觀念 ◣

「學習手冊」P. 7～8

請學生們閱讀這一部分的內容，這些內容能幫助學生們了解通常人們想要保有隱私的事項，以及人們為了保有隱私常用的方法。

◢ 解決問題 ◣

「學習手冊」P. 9

請使用「學習手冊」第9頁的問題來進行這個部分的活動，其中提到每一個問題都需要說明誰想要保有隱私、哪些事情要保有隱私，以及保有隱私是不想讓誰知道。

發給同學們「保有隱私」思考工具表，表格範本在本手冊第56頁的附錄中，可以讓學生們分成兩人一組來完成這個表格。和學生一起看填寫的指示與表格的各項目。

本手冊第28頁是學生們可能提出的回應。

運用和技巧評估

◢ 展示學習成果 ◣

「學習手冊」P. 10

這個練習要請同學們演一齣戲敘述某個人想要隱私的故事。

首先，請大家讀「著色簿」的故事，然後選出兩位同學來扮演蘇珊和湯米。把班上同學分成小組來發展各個角色，自行設計戲劇的對白，然後演出。表演結束後，請全班討論以下各問題：

■ 誰想要保有隱私？
■ 這個人為什麼想要有隱私？
■ 這個人想保有的隱私不希望讓誰知道？
■ 這個人想要保有的隱私事項是什麼？
■ 這個人採取了什麼樣的做法，來保有隱私？

延伸學習

◢ 課後活動 ◣

「學習手冊」P. 11

第11頁建議的練習活動將學習延伸運用到課堂之外，你可以請同學們完成其中一項或多項活動，然後和全班分享成果。

思考工具表

保有隱私			
誰想要隱私？	這個人想保有哪些事情的隱私？	這個人的隱私不希望讓誰知道？	這個人採取了什麼樣的做法，來保有隱私？
1. 班	他的歌聲	大眾，每個人	他只有一個人時才唱歌。
2. 瑪莉亞	日記的內容	她的哥哥	把日記簿藏起來。
3. 安東	他有一隻寵物青蛙	他的姊姊	他請媽媽對這件事情保密。
4. 克莉絲蒂	朋友的來信	每個人	克莉絲蒂用只有她和朋友能了解的密碼寫信。
5. 喬	想自己一個人待在房間裡	家人	喬在房門上放了個牌子，要求其他人進入前要先敲門。
6. 孩子們	拼字測驗中錯了幾題	班上其他的同學	請老師不要公布每個同學錯了幾題

Lesson ②

為什麼每個人會採取不同的方法來保有隱私？

課程概述

學生們會學到每個人針對隱私都有不同的感覺、想法與行為方式。這一課的重點在討論幾個可以用來說明這些差異的因素。學生將學到家庭、職業、個人經驗，以及一些其他重要的價值觀，都會影響個人對隱私的需求。

課程目標

上完這一課後，學生們應該能做到下列各事項：
■ 說明可能影響一個人隱私行為的因素。
■ 說明為什麼每個人對隱私的需求不同。
■ 舉例說明人們隱私行為的差異。

課前準備和所需教材

故事本「小魚潔西：第二章」P. 13～18
學習手冊「第二課：為什麼每個人會採取不同的方法來保有隱私？」P. 13～23
圖畫紙和蠟筆
小魚潔西故事人物圖形著色稿：圖像原稿在本手冊的附錄中P. 59～62

✿ 本課會學到的概念 ✿

「學習手冊」P. 13

　　請學生們讀學習手冊第13頁「本課會學到的概念」內容，並討論本課的目標。

✿ 重要觀念 ✿

「學習手冊」P. 14

　　請學生們讀這部分的課文，在討論中，學生們必須了解很多人都想保有隱私，但是不同的人對想保有隱私的**事項**不同，採取的**方式**也有差異。請注意在討論中不要讓學生們在無意間說出家人或朋友的私密事項。

　　請學生們回答以下問題：

■ 你們這個年紀的小孩對哪些事情想保有隱私？

　　請學生們比較彼此的答案。
● 為什麼大家的答案不一樣？
● 哪些事情許多家庭都想保有隱私？
● 為什麼即使是同一家人，對想保有隱私的事項也不同？

　　學生們必須知道人們對想保有的隱私有不同的想法，對採取保護隱私的方式也有差異。影響這些差異可能的原因有：家庭對隱私的態度、個人的工作或行業、各地區隱私的價值觀，以及個別的文化差異。觀察不同文化之間對隱私

✿ 閱讀、複習和討論 ✿

「小魚潔西：第二章」
故事本P. 13～18
「學習手冊」P. 14～17

＜小魚潔西＞的故事

　　第二章要幫助學生了解人們對隱私有不同感受和回應，在大部分時間裡，人們喜歡聚在一起，有些人無法理解需要很多隱私的感覺，有些人則希望擁有更多獨處的機會。這一章中同學們要明白保有太多隱私可能造成傷害，故事中有一些狀況讓魚群必須聚集在一起，才能遠離傷害，保持安全。

　　第二章中有三個討論重點，「學習手冊」第15～17頁中有配合這三個討論重點的問題。把故事第二章的內容大綱告訴學生，並將各個插圖呈現出來。教師可以自己大聲唸出故事內容給學生聽，也可以請學生輪流朗讀。

> 閱讀＜小魚潔西＞故事本第15頁的討論重點。

　　請學生回答學習手冊第15頁的問題，以下是學生可能的回應：

■ 魚群中的其他小魚對隱私有什麼樣的感受？

魚群中的其他小魚不明白潔西需要隱私，他們老是喜歡聚集在一起，當有危險狀況時，魚兒們可以互相保護。

當潔西從岩洞中回來時，其他的小魚很好奇她在岩洞中做什麼。

■ 為什麼潔西對隱私的感受可能不同？

潔西需要一個地方可以安靜思考和玩扮演遊戲，可能是因為她有豐富的創造力，以致於對隱私的感覺和別的小魚不同。

閱讀＜小魚潔西＞故事本第16頁的討論重點。

請學生們回答學習手冊第16頁的問題。 以下是學生可能的回應：

■ 大毛對隱私有什樣的感受？

大毛喜歡和其他的小蟲一起生活在擁擠的罐子裡，喜歡和別人分享所有的事情。大毛沒有秘密，也不需要太多隱私，他似乎需要常常在別人身邊。

■ 為什麼毛毛對隱私的感受可能不同？

毛毛想要自己一個人，他想要有很多隱私。毛毛對隱私的感覺和潔西一樣，喜歡獨處思考、玩遊戲，不受別人干擾。

閱讀＜小魚潔西＞故事本第17頁的討論重點。

請學生回答學習手冊第17頁的問題。 以下是學生可能的回應：

■ 莉莉對隱私有什麼樣的感受？

對莉莉來說，魚群中的小魚要全都聚集在一起，這點很重要。故事一開始的時候，莉莉不願讓潔西單獨離開魚群，但她後來同意讓潔西離開魚群，只是每次離開的時間不要太長。對莉莉來說，要讓潔西保有隱私是一件很難的事，因為這會影響到潔西的安全。當整個魚群面對鯊魚的威脅時，隱私對整個魚群來說，也是很重要的一件事，他們有個秘密的地方，可以躲開逐漸接近的鯊魚，這個躲藏地點的位置，是他們的秘密。

■ 為什麼莉莉對隱私的感受可能不同？

莉莉對隱私的感覺不同是因為她是成人，而且確保每條小魚的安全是她的工作，讓魚群聚在一起是莉莉的責任，魚群的安全比團體成員的個人隱私重要。

讓學生討論這個部分的故事：什麼時候小孩不適合保有隱私或秘密不讓大人知道？這個問題在「學習手冊」其他部分也會提到。

批判性思考

∥ 角色扮演活動 ∥

（自行選擇）

學生們已經學到不同的人會用不同的方式來保有隱私。魚群中的其他小魚並不像潔西那麼想要有隱私，毛毛也比罐子裡其他的小蟲想要保有更多的隱私。

可以讓同學們角色扮演這個情境，主角人物的圖案原稿在本手冊的附錄中，請同學們著色再剪下來進行角色扮演活動。

∥ 重要觀念 ∥

「學習手冊」P. 18～19

請學生讀這部分的內容，在討論中要幫助學生們了解為什麼人們對隱私會有不同的想法和做法。同學們應該明白個人的想法不同，不同家庭會影響人們對隱私的態度。有些人對隱私的需求比別人多。工作和興趣也會影響一個人對隱私的需要，如果一個人沒有很多機會保有隱私，他可能會想要找出獨處的機會。雖然故事中沒有提到，但文化也是影響我們對隱私需求程度的重要因素，老師可以請學生們蒐集不同文化對個人隱私的態度差異的資訊。

∥ 解決問題 ∥

「學習手冊」P. 19～20

這請學生們讀這個部分的故事，和全班同學討論以下問題：

■ 華特對隱私有什麼感受？
■ 華特做哪些事情來保有隱私？
■ 彼得對隱私有什麼感受？
■ 彼得做哪些事情來保有隱私？
■ 為什麼這兩個人對隱私的感受不同？
■ 為什麼這兩個人保有隱私所採取的行動也有很大的差異？

運用和技巧評估 | 延伸學習

✪ 展示學習成果 ✪

「學習手冊」P. 21～22

　　發給每位同學一張圖畫紙和一些蠟筆，請同學們畫四個格子類似報紙上的四格漫畫。接著請大家讀「農場」的故事，並複習活動的各項指示。在每一個方格中，同學們必須畫出一項瑪麗對隱私的感受，完成後跟全班一起分享作品，並說明為什麼瑪麗在一天中對隱私有不同的感受？

✪ 課後活動 ✪

「學習手冊」P. 22～23

　　學習手冊第22~23頁建議的練習活動將學習延伸運用到課堂之外，你可以請同學們完成其中一項或多項活動，然後和全班同學分享成果。

NOTES

Lesson ③

如何決定自己想不想保有隱私？

課程概述

　　學生們要學習辨識在特定情況中人們保有隱私可能發生的結果，這些結果中有的會帶來好處（利益），有的會有壞處（代價）。同學們會知道保有隱私常見的利益和代價，知道這些利益和代價可以幫助我們決定是否要保有隱私。

課程目標

■ 上完這一課後，學生們應該做到下列各事項：辨認在某個情況裡保有隱私的結果。
■ 將保有隱私的各項結果區分為利益或是代價。
■ 說明保有隱私常見的利益和代價。

課前準備和所需教材

故事本「小魚潔西：第三章」P. 19～25
學習手冊「第三課：如何決定自己想不想保有隱私？」
P. 25～35
每位學生一份「隱私：好處和問題」思考工具表，原稿在本手冊附錄中 P. 57。
故事主角人物圖案著色稿，原稿樣張在本手冊附錄中
P. 59～62 。

課程介紹

◊ 本課會學到的概念 ◊

「學習手冊」P. 25

請學生們讀學習手冊第25頁「本課會學到的概念」內容，並討論本課的目標。

◊ 本課詞彙 ◊

「學習手冊」P. 26

教師從語境中找出語詞，共同討論並將語詞寫或貼在黑板上，引導學生自行先作語詞的解釋，教師再予以整理歸納後，鼓勵學生口頭造句，評估學生對該語詞的了解程度。

● 決定（decide）：經過思考後做成的結論
● 自由（freedom）：政府不可妨礙的權利；獨立自主

◊ 重要觀念 ◊

「學習手冊」P. 26

請學生們讀這一段的課文，藉由討論協助學生們了解保有隱私對我們有哪些幫助，以及可能會帶來哪些問題。在決定要不要保有隱私的時候，我們必須先了解可能的好處和可能帶來的問題。分析隱私的利益和代價可以讓我們更清楚的決定，在某個狀況下要不要保有隱私。第40頁思考工具表中的內容是學生可能提出的回應。

◊ 閱讀、複習和討論 ◊

故事本「小魚潔西」P. 19～25
「學習手冊」P. 26～28

回顧＜小魚潔西＞的故事

在讀這部分的故事之前，同學們要先明白保有隱私對我們有好處，但是也可能帶來問題。第三章要幫助同學們了解人們保有隱私的時候，會有一些好事情發生，這是隱私的利益，常見的利益包括：有信賴和安全的感覺，不必為自己的行為而不好意思，有創造力、思考和行為的自由，個人的想法和原創的發明受到保護。但是保有隱私也可能造成問題，這是隱私的代價，常見的有：無法學到新的想法或做事的方法、感覺寂寞、無法發現或更正個人想法上的錯誤，個人不良的行為或不法情事。

評估隱私的利益和代價可以幫助我們在某一個特定狀況下，能思考哪一項隱私的結果最重要，對是否該保有隱私做明智和持平的決定。不過，人們對隱私的各項利益和代價常有不同的看法。

第三章有兩個討論重點，配合「學習手冊」第26頁到第28頁中列出來的問題，也可以將這裡的討論延伸到故事中和毛毛相關的另外兩個問題。

向學生們介紹並複習故事本第三章的內容大綱，並將各個插圖呈現出來。教師可以自己大聲唸出故事內容給學生聽，也可以請學生輪流朗讀。

> 閱讀＜小魚潔西＞故事本第22頁的討論重點。

請學生們回答學習手冊第27頁到第28頁的問題，以下是一些可能的回答：

■ **潔西一個人在小岩洞裡的時候，發生了哪些好事情？**

潔西很開心，很有創造力，想出很多新的遊戲，完全不用擔心被認為是呆呆地或是假正經。

■ **潔西保有隱私的時候，碰上了哪些問題？**

潔西想要自己玩，但是想不出什麼新的遊戲，沒有人可以為她帶來新的刺激，舊的遊戲變得很無聊，潔西的神奇城堡顯得冷清又寂寞，她嚐到孤單的滋味。

在潔西考慮保有隱私的利益和代價之後，決定邀請毛毛到她的小岩洞。潔西發現和毛毛一起玩遊戲更有趣，所以邀請毛毛下次再來。

> 閱讀＜小魚潔西＞故事本第25頁的討論重點。

（請注意「學習手冊」中並沒有提到以下關於毛毛的問題。）

■ **如果毛毛對小岩洞的地點保密，會有哪些好處？**

毛毛會因為自己信守承諾而感到滿意。潔西因此覺得可以信任毛毛，兩人的友誼會滋長。

■ **如果毛毛對小岩洞的地點保密，可能會產生哪些問題？**

潔西有可能會被鰻魚傷害甚至被吃掉。

⚫ 角色扮演活動 ⚫

（自行選擇）

在故事第三章結束時，學生已經學到在特定情況下保有隱私會產生一些結果，有些是利益，有些是代價。可以請學生角色扮演故事的情境。在本手冊附錄中有故事主角的圖案原稿，可以影印讓大家著色，再剪下來進行角色扮演活動。

⚫ 重要觀念 ⚫

「學習手冊」P. 29～30

請學生讀這部分的課文內容，藉由討論幫助同學們明白保有隱私常見的利益和代價。請大家舉例說明課文中提到的好處與問題。

批判性思考

⊘ 解決問題 ⊘

「學習手冊」P. 31～33

　　發給每位學生一份「隱私：好處和問題」思考工具表，原稿在本手冊附錄中。請大家閱讀「土庫和席塔」的故事，先複習進行活動的指示以及表格上的問題。可以將學生分成兩人一組完成思考工具，然後和全班分享各組決定土庫該怎麼做，並說明理由。第40頁中是學生可能提出的回應。

運用和技巧評估

⊘ 展示學習成果 ⊘

「學習手冊」P. 34～35

　　閱讀「媽媽怎麼辦」。先提醒學生進行活動的指示，然後將學生分成三人一組，指派他們分別擔任故事中的角色：奧黛麗、吉米媽媽。給學生充分的時間，從隱私的利益和代價的角度來發展故事中的角色，然後進行角色扮演活動。在各組表演後，全班一起討論剛才的演出和決定。

延伸學習

❂ 課後活動 ❂

「學習手冊」P. 35

　　「學習手冊」第35頁建議的練習活動將學習延伸運用到課堂之外，你可以請同學們完成其中一項或多項活動，然後和全班同學分享成果。

思考工具表

隱私：好處和問題		
列出故事中人物保有隱私可能獲得的好處。	列出故事中人物保有隱私可能產生的問題。	研究列出的好處和問題，你認為故事中的人會怎麼做？為什麼？
土庫喜歡自己一個人帶著大象作伴。 土庫可以假裝變成王子，因為席塔不在旁邊，他不會覺得不自在。 如果土庫一個人前往，戈文達會告訴土庫大象王的故事。	一個人單獨太久會覺得無聊。 土庫堅持要保有隱私，傷了席塔的心。 席塔說不定知道一些新的遊戲，如果她沒有和土庫一起去，就沒有機會分享。	請學生評估土庫在這些情況下應該怎麼做才能保有隱私。

第四課
Lesson 4

會議該有多少隱私？

課程概述

　　這一課是屬於全班參與的活動，學生們要運用保有隱私的利益和代價的觀念來評估問題，決定在特定情況下是不是該保有隱私。

課程目標

上完這一課後，學生們應該能做到下列各事項：
■ 運用利益和代價的概念來分析隱私的狀況。
■ 評估、決定並為所採取的立場辯護。

課前準備和所需教材

學習手冊「第四課：會議該有多少隱私？」P. 37～41
「隱私：好處和問題」思考工具表，原稿在本手冊附錄中
P. 57 。

課程介紹

● 本課會學到的概念 ●

「學習手冊」P. 37

請學生們閱讀「學習手冊」第37頁「本課會學到的概念」的內容，並討論這一課的課程目標，這一課要在特定的狀況中，運用保有隱私的利益和代價的概念。

在「班級會議」的故事中，梅老師班上的幹部想私下開會。在這個活動中，同學要扮演梅老師班上的學生，決定幹部可不可以私下開會。

學生們一開始先分成小組分析目前的狀況，並決定想要怎麼做。如果學生沒有演戲的經驗，教師應先說明角色扮演的目的，並建議他們該如何準備和呈現所扮演的角色。

● 本課詞彙 ●

「學習手冊」P. 38

教師從語境中找出語詞，共同討論並將語詞寫或貼在黑板上，引導學生自行先作詞語的解釋，教師再予以整理歸納後，鼓勵學生口頭造句，評估學生對該語詞的了解程度。

● 班級幹部（class officers）：班上選出來擔任領導職務的人。

● 參加班級活動 ●

「學習手冊」P. 38～39

請學生們閱讀「班級會議」的故事，在討論故事的內容和問題之後，發給每位學生一張「隱私：好處和問題」思考工具表，表格原稿在本手冊附錄中。

思考工具表中的問題是根據第三課裡學到隱私的利益和代價的觀念，它能協助學生們分析在這個狀況中隱私的利益和代價，並對全班報告。

● 活動準備 ●

「學習手冊」P. 40

和同學們一起複習準備活動的說明，每位同學都必須熟悉思考工具表的問題，接著把全班分成三人一組。

給學生們足夠的時間來完成思考工具並準備後續在會議上要說的話，鼓勵學生用寫在思考工具表的內容做為陳述的資料。

● 進行活動 ●

「學習手冊」P. 41

複習進行活動的指示，在活動進行之前，先將教室桌椅擺設成適合活動的形式。

課程介紹

請班長宣布會議開始，各組要派一位同學上台報告。在各組報告後，其他同學可以對他們提問質詢，並由該組中沒上台報告的同學負責回答。

教師先指派一位同學擔任計時員，每組有2～3分鐘的報告時間，以及3～4分鐘的時間回答問題。

最後，同學們必須討論在這個情況下保有隱私所有的優點和缺點，決定班級幹部可不可以私下開會。

深入討論

◢ 深度討論 ◣

「學習手冊」P.41

「深入討論」中的問題是要聽取學生的報告，幫助他們評估每一組的決定，並回顧整個活動的過程，鼓勵學生自由發言，是否同意各組的決定。以下是學生可能提出的回應。

隱私：好處和問題		
列出故事中人物保有隱私可能獲得的好處。	列出故事中人物保有隱私可能產生的問題。	研究兩邊的表列，你認為故事中的人會怎麼做？為什麼？
派特說班級幹部放學後要留下來開會，其他同學不能參加會議。 這個計畫可以節省時間，因為不會有很多人發言。 班級幹部可以私下談論班上的事。他們可以說一些有其他同學在場就不會談的事。 他們不用擔心同學們問問題，同學們無法質疑班級幹部所做的決定。 潔西認為私下開會會讓工作更容易進行。	愛瑞克不確定這是好的想法。 班上同學可能不願意接受秘密做的決定，這表示當一個決定會影響到別人時，人們應該有機會參與決定的過程，這才是做決定的公平方式。 學生們可能認為還有其他的代價，例如：如果人們沒有機會參與可能影響他們的決定，就比較不能接受這樣的結果。 允許同學提出其他保有隱私的代價。（接受所有合理的答案，並說明理由。）	學生們要依據所分析隱私的利益和代價，決定在這個情況要怎麼做。

NOTES

Lesson 5

怎麼判斷隱私是否過度？

課程概述

　　這一課學生們會學到隱私是一項重要的權利，也要學習有時候為了維護更重要的價值和利益，必須對隱私加以限制。學生還會學到用一組問題來檢視和決定是否限制個人的隱私權。

課程目標

上完這一課後，學生們應該做到下列各事項：
■ 說明為什麼隱私是一種重要的權利。
■ 說明為什麼有時候必須限制一個人的隱私權。
■ 運用一組問題來分析隱私的議題。

課前準備和所需教材

故事本「小魚潔西：第四章」P. 26～34
學習手冊「第五課：怎麼判斷隱私是否過度？」P. 43～56
每位學生一份「隱私的限制」思考工具表，原稿在本手冊附錄中 P. 58。

課程介紹

◎ 本課會學到的概念 ◎

「學習手冊」P. 43

　　請學生閱讀「學習手冊」第43頁的「本課會學到的概念」內容，並討論這一課的課程目標。

◎ 本課詞彙 ◎

「學習手冊」P. 44

　　教師從語境中找出語詞，共同討論並將語詞寫或貼在黑板上，引導學生自行先作詞語的解釋，教師再予以整理歸納後，鼓勵學生口頭造句，評估學生對該語詞的了解程度。

- 責任（duty）：由習俗、身分或法律所要求的義務
- 允許（permission）：表示同意
- 法律（law）：由政府立法部門通過的規則；如果有人違法就要接受處罰
- 價值（value）：人們判斷事物時會考量的原則、標準或品質
- 限制（limit）：侷限或保持在一定的範圍內

◎ 重要觀念 ◎

「學習手冊」P. 44～46

　　請學生們閱讀這個部分的課文內容。這個討論一方面是為了讓學生們了解隱私是一項重要的自由，我們的國家有保護隱私的法律，人們必須尊重這項權利，這一點很重要。另一方面，還是會有個人、機構或公司無法保有全部的隱私的時候，在某些狀況下，隱私可能會受到限制。

　　隱私是一項重要的自由，受到美國憲法和各州憲法的保護。不過，美國憲法中並沒有出現「隱私」這個名詞，在權利法案（Bill of Rights）中有好幾次提到憲法保護人民的隱私不受政府侵犯。美國人民在殖民地時期並沒有隱私權，政府官員可以任意搜索一個人的住家或公司。後來，人民相信個人的住家應該受到保護，政府不能無理的侵入民宅。

　　隱私並不是一個絕對或是不受限制的權利，有時候還有其他比隱私更重要的事物。在這種情況下，限制隱私是合理和公平的。例如：進機場時要通過金屬探測器，檢查旅客的行李和持有的物品，為的是避免旅客夾帶武器登機，這時為了保護所有搭機旅客的生命和安全，個人的隱私權就必須受到限制。

　　小朋友的隱私權也會受到限制，這是因為我們想保護他們不受傷害，這一點的重要性遠超過小朋友的自由。這是因為保護他們的安全比保護他們的隱私更重要。請學生們舉出自己的隱私可能會受到限制的例子，以及有哪些合理的理由可以限制兒童的隱私？請大家討論「學習手冊」中的例子。

故事本「小魚潔西」P. 26～34
「學習手冊」P. 47～49

<小魚潔西>的故事

學生們已經學到隱私是一項應該受到尊重的重要權利，然而有時候一個人的隱私還是需要被限制。

第四章幫助同學們了解我們很重視隱私權，其中有兩個討論重點，是在「學習手冊」的第48頁和49頁。

向學生們介紹並複習故事第四章的內容大綱，並將各個插圖呈現出來。教師可以自己大聲唸出故事內容給學生聽，也可以請學生輪流朗讀。

> 閱讀<小魚潔西>故事本第29頁的討論重點。

請同學們回答「學習手冊」第48頁的問題，以下是一些可能的回應：

■ **小魚潔西在岩洞中享有多少隱私？**

在岩洞中潔西擁有所有她想要的隱私。

毛毛想私下警告潔西有鰻魚在附近。

■ **潔西對自己在岩洞中的隱私感覺如何？**

潔西非常保護自己的隱私，隱私對她很重要。但潔西是魯莽的，她不知道有時保有隱私會危及安全。

> 閱讀<小魚潔西>故事本第30頁的討論重點。

請同學們回答「學習手冊」第49頁的問題，以下是一些可能的回應：

■ **為什麼毛毛想要限制潔西的隱私？**

毛毛想要限制潔西的隱私，因為他擔心潔西的安危。

■ **為什麼我們可能需要限制小朋友的隱私？**

讓小朋友們了解在特定情況下限制他們的隱私很重要，這個問題提到的議題可以在班上討論，接受學生們提出所有合理的回應。務必要讓學生們明白一旦有任何危險的情況，一定要趕快告訴大人。

■ **毛毛在決定該怎麼辦之前，應該先考慮哪些事情？**

毛毛擔心如果他留下來保護潔西不受鰻魚傷害，他的工作可能不保。毛毛又想到如果告訴魚群小岩洞的地點，就可以請他們注意潔西的動靜，但是他卻答應過潔西絕對不告訴任何人小岩洞的位置。

毛毛應該要考慮潔西為什麼想要有隱私，以及保有隱私的利益和代價，

毛毛應該想想為什麼需要限制潔西的隱私，他可以怎麼做？在這個情形下，他是否有權利而且有責任干涉潔西的隱私？

■ 毛毛應該怎麼辦？為什麼？

由學生們決定他們認為毛毛該怎麼做？並說明理由。

✿ 角色扮演活動 ✿

（自行選擇）

學生們從第四章學到了有時候必須限制某個人的隱私權。故事中，毛毛必須決定是不是要說出岩洞的地點來限制潔西的隱私權。可以讓學生們角色扮演這個情境。故事人物的圖案在本手冊的附錄中，請學生們先著色，再剪下來進行角色扮演的活動。

✿ 重要觀念 ✿

「學習手冊」P. 49～50

請學生們閱讀這部分的內容，經由討論課文中的問題能幫助我們思考，在某個特定狀況下是否需要限制某個人的隱私。這個部分的問題出現在「隱私的限制」的思考工具表，表格原稿在本手冊的附錄裡。

✿ 解決問題 ✿

「學習手冊」P. 50～52

請學生閱讀「學校圖書館」的故事，發給每人一張「隱私的限制」思考工具表，和全班同學一起複習「學習手冊」第49～50頁的問題。然後讓學生們分成兩人一組進行討論後和全班分享各組的答案，並說明決定的理由。第51頁中有學生們可能的回答可供參考。

運用和技巧評估

⊘ 展示學習成果 ⊘

「學習手冊」P. 52～54

請大家閱讀「七塊錢不見了」的故事，複習進行活動的各項指示，發給每位同學一張圖畫紙和一些蠟筆。同學們完成圖畫之後，和全班同學分享個人的作品，並說明他們認為費老師該怎麼做以及這麼做的理由。

延伸學習

⊘ 課後活動 ⊘

「學習手冊」P. 54～56

「學習手冊」第54頁到第56頁建議的練習活動將學習延伸運用到課堂之外，你可以請同學們完成其中一項或多項活動，然後和全班同學分享成果。

隱私的限制	
步驟一： 誰想要隱私？	在凱薩小學圖書館的特別空間下課和午休的學生想要保有隱私。
■ 這個人想要保有哪些事物的隱私？	學生們希望有隱私，才能和朋友會面、休息、閱讀和遊戲。
■ 為什麼他想要有隱私？	
步驟二： 誰想要保限制隱私？	圖書館員李太太想要限制學生們的隱私。
■ 他想要如何限制隱私？	她可以在房間裝一台攝影機錄下學生們的活動。等她有時間時，就可以從影帶中找出誰在製造問題。
■ 為什麼他想要限制隱私？	李太太相信設置特別空間是好事，但是最近房間裡發生很多問題，孩子們在裡面吵鬧，沒有把用品歸位，也沒有保持整潔，有些傢具被破壞。有個男孩受傷，沒有人肯說發生了什麼事情。
■ 這個想要限制隱私的人，有權利這麼做嗎？	李太太身為圖書館員有責任確保學生們在圖書館的安全，同時她是學校的職員，也有權利採取行動來確保學生安全。 李太太有責任尊重隱私權，然而學生們的隱私權有可能需要被限制，李太太要有充分的理由才能對學生的隱私權設限制。
步驟三： 可能會發生什麼狀況？	
■ 這個例子裡，隱私會帶來什麼好處？	擁有隱私的好處是孩子們可以不受大人監督，自由的享受這個空間。他們可以發揮創造力和好友分享彼此的想法，可以表達彼此的信賴。
■ 可能會帶來什麼樣的問題？	隱私的代價是孩子們有機會進行不當的行為，有些學生不遵守李太太建立的使用規則。
步驟四： 你決定怎麼做？為什麼？	請學生們決定在這個情況下李太太該怎麼做。她應該裝監視器嗎？並請學生們說明決定的理由。

第六課

Lesson 6

威爾森該不該保密？

課程概述

　　這一課是屬於全班參與的活動，讓大家運用在第五課學到的觀念分析一個限制某人隱私的問題。然後評估、採取立場，並為故事中的這個人該有多少隱私的立場辯護。

課程目標

上完這一課後，學生應該能做到以下各事項：

■ 用一組問題（即「思考工具」）來分析一個隱私的議題。

■ 對一個隱私的議題加以評估、採取立場，並捍衛這個立場。

課前準備和所需教材

學習手冊「第六課：威爾森該不該保密？」P. 57～62

「隱私的限制」思考工具表，原稿在本手冊的附錄中P. 58。

課程介紹

本課會學到的概念

「學習手冊」P. 57

請學生讀「學習手冊」第57頁「本課會學到的概念」，並討論這一課的課程目標。向學生們說明這一課要運用有關保有隱私和限制隱私的權利概念。

在「神奇的羽毛」的故事中，一個印地安男孩藏了一根羽毛，他認為有神奇力量。村子裡有個女孩想要知道這個隱私。這一課中同學們要扮演故事中的主角人物；威爾森、貝蒂珍和威爾森的爸爸。如果班上同學沒有角色扮演的經驗，教師必須先花一些時間告訴同學們角色扮演的目的，並建議大家該如何準備和呈現所扮演的角色。

參與班級活動

「學習手冊」P. 58～61

請學生們閱讀「神奇的羽毛」，討論故事中的狀況和問題後，發給學生「隱私的限制」思考工具表，表格原稿在本手冊的附錄中。表格中問題是第五課中限制隱私的概念，和大家一起討論同學們提出的答案。第55頁是學生可能提出的回應。

活動準備

「學習手冊」P. 61

把同學分成三人一組，指派學生分別擔故事中的角色：威爾森、貝蒂珍和威爾森的爸爸。先複習進行活動的各項說明，給同學們充分的時間來準備所扮演的角色。鼓勵同學們利用思考工具表中的答案來準備，扮演威爾森的父親的同學要負責問問題，另外兩位同學必須決定如何解決爭端。

進行活動

「學習手冊」P. 62

複習進行活動的說明，在開始活動之前先把教室桌椅擺設成適合全班參與的位置。接著，由威爾森的父親宣布會議開始，然後貝蒂珍和威爾森敘述自己的主張。威爾森的爸爸要提問引導孩子們解決問題，但是不能替孩子做決定。教師必須注意控制時間，讓各組都能順利完成角色扮演。最後，請和大家分享各組所做的決定，並說明理由。

深入討論

深度討論

「學習手冊」P. 62

　　「深度討論」中的問題是要聽取學
生的報告，幫助他們評估各組做出來的
決定，並協助同學們回顧所參與的討論
過程。鼓勵大家自由發言，並說明是否
同意其他組的決定。

隱私的限制	
步驟一：誰想要隱私？	威爾森
■ 這個人想要保有哪些事物的隱私？	神奇羽毛
■ 為什麼他想要有隱私？	威爾森不想讓任何人看到這根羽毛，因為他認為那樣會讓羽毛的魔力消失。
步驟二：誰想要限制隱私？	貝蒂珍
■ 他想要如何限制隱私？	貝蒂珍想要限制隱私，她想要威爾森讓她看藏在腰帶底下布裡包的東西，來限制他的隱私。
■ 為什麼他想要限制隱私？	貝蒂珍有權利找回本來是屬於她的遺失物。
	她有權利問和遺失物下落有關的問題。
	她有權利蒐集資訊，但是必須用公平合理的方法。
■ 這個想要限制隱私的人，有權利這麼做嗎？	貝蒂珍有責任要尊重別人的隱私，很明顯的貝蒂珍並沒有適當的理由就控訴威爾森拿她的東西。
	貝蒂珍並沒有足夠的資訊能支持她的說法。
步驟三：可能會發生什麼狀況？	
■ 在這個例子裡，隱私會帶來什麼好處？	威爾森可以保有在森林裡發現神奇羽毛的秘密。
■ 可能會帶來什麼樣的問題？	貝蒂珍繼續對威爾森感到不信任。
	貝蒂珍和威爾森之間的衝突可能會加深，可能會影響到村莊裡人們之間的關係。
	讓同學們從保有隱私的好處和代價的角度做合理的推論。
步驟四：你決定怎麼做？為什麼？	讓學生們決定他們覺得威爾森該怎麼辦。

保有隱私			
誰想要隱私？	這個人想保有哪些事情的隱私？	這個人的隱私不希望讓誰知道？	這個人採取了什麼樣的做法，來保有隱私？

附錄二：思考工具表

隱私：好處和問題		
列出故事中人物保有隱私可能獲得的好處。	列出故事中人物保有隱私可能產生的問題。	研究列出的好處和問題，你認為故事中的人會怎麼做？為什麼？

附錄三：思考工具表

隱私的限制	
步驟一： 誰想要隱私？ ■ 這個人想要保有哪些事物的隱私？ ■ 為什麼他想要有隱私？	
步驟二：誰想要限制隱私？ ■ 他想要如何限制隱私？ ■ 為什麼他想要限制隱私？ ■這個想要限制隱私的人，有權利這麼做嗎？	
步驟三：可能會發生什麼狀況？ ■在這個例子裡，隱私會帶來什麼好處？ ■可能會帶來什麼樣的問題？	
步驟四：你決定怎麼做？為什麼？	

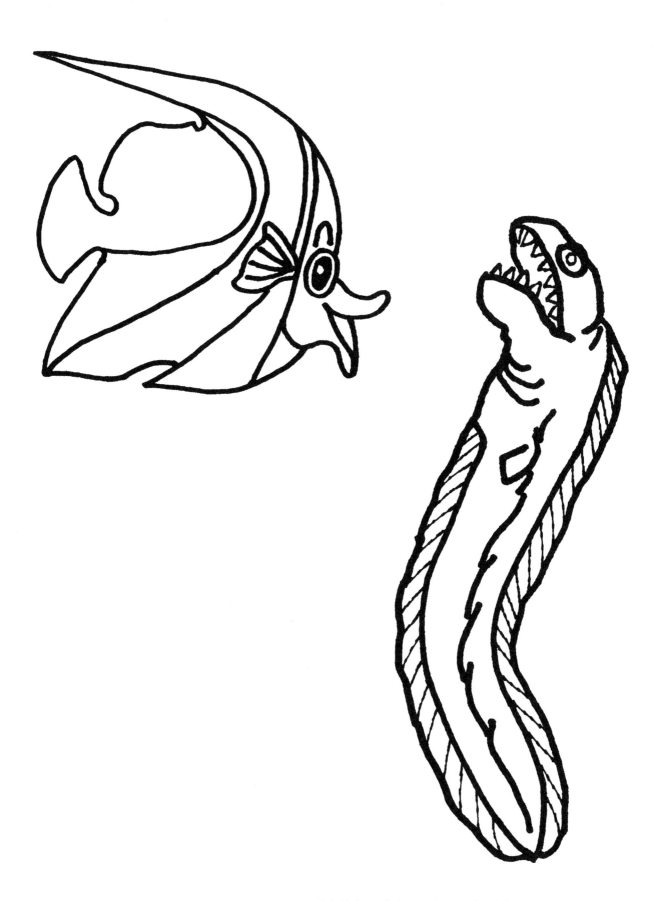

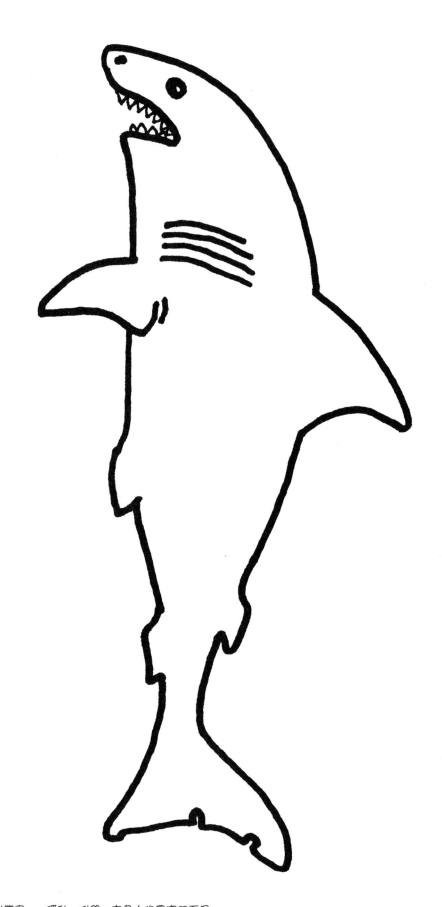

民主基礎系列叢書

少年版（適用國內5～9年級）

公民版（適用高中以上）

老師，你也可以這樣做！

當教育碰上法律

本書是國內第一本從法律與教育專業的角度來探討校園問題的專書，兼顧
教育目的、法律理念與校園實務，嘗試化解校園中日益嚴重的緊張關係，
並積極營造良好的學習環境，以培養現代法治社會的優良公民。這是關心
台灣法治教育的你，絕不容錯過的一本好書。

五南圖書出版股份有限公司

電話：（02）2705-5066
傳真：（02）2706-6100
地址：台北市大安區和平東路二段339號4樓

公民行動 的學習與開始

學生手冊

教師手冊

公民行動方案
Project Citizen I

學生手冊・定價120元
教師手冊・定價130元

民間公民與法治教育基金會/主編・五南/出版

　　這是一套從小即開始培養孩子關心週遭社區的問題、訓練溝通技巧、與擬訂行動計畫的公民參與能力，使其在多元化的社會，能針對公共議題審議，進而形成共識與分工，完成社會的改進的教材。學生透過課程的訓練培養成為會議領導者、意見統整者、議題建構者、計畫執行者等等。

　　教材中提出了幾個重要的步驟，讓有心學習公民行動技能者，或是想要培養社會科學研究能力者能有所依循：而決定行動方案的公共議題，可以是班級性、全校性、社區性、甚至全國性、全球性的問題。從行動實踐的角度來看，也可以先從自己的生活周遭來關懷起，如班級的整潔、秩序、霸凌、考試作弊，或如社區的污染、交通秩序、衛生、美化等。過程中，學生必須先研究所關心的公共議題，分析其成因和現況，掌握解決問題的職掌和相關資源所在；再來學生必須檢討出可行的改進策略，決定將採取何種策略。最後，將其所決定之策略，轉化成實際的計畫與行動。

五南圖書出版股份有限公司

電話：（02）2705-5066
傳真：（02）2706-6100
地址：台北市大安區和平東路二段339號4樓